Erkennen

GESCHRIEBEN VON Kobi Yamada
ILLUSTRIERT VON Elise Hurst

„Es ist ein schöner Tag, nicht wahr?“

Es schien, als würde jemand mit mir sprechen.
„Ist okay“, antwortete ich.

„Nur okay?“, erwiderte eine Frau, die in der Nähe saß. „Warum? Wir haben hier Vögel, Bäume, den Himmel, die Fragen, wie ‚Was wäre, wenn‘ und ‚Warum nicht einfach‘! Ich würde sagen, heute ist in der Tat ein ausgezeichneter Tag, um am Leben zu sein. Denkst du nicht auch?“

„Wenn du es sagst.“ Ich zuckte mit den Schultern. Mir schien es ein ganz gewöhnlicher Tag zu sein.

„Bist du eine Malerin?“, fragte ich.

„Ich sehe mich selbst mehr als eine Beobachterin“, antwortete sie. „Ich versuche nur, die Dinge festzuhalten, die ich sehe. Das ist meine Art, sie wertzuschätzen und zu ehren.“

Als ich auf ihre Leinwand blickte, konnte ich nicht glauben, was ich sah. *Wie kann jemand so etwas Unglaubliches erschaffen?*, fragte ich mich. Sie war auf *jeden Fall* eine Malerin.

Sie sah mich an und fragte: „Wenn du nach oben schaust, was siehst du dann?"

„Wolken?"

„Du siehst Wolken? Das ist alles? Nur Wolken?", fragte die Malerin erstaunt.

„Ja, ich denke schon …", sagte ich unsicher, während ich den Himmel absuchte.
„Warum? Was siehst du?"

„Oh, so Vieles!“, erklärte sie aufgeregt. „Es ist, als würde mich der ganze Himmel zum Staunen bringen wollen. Ich sehe wilde Pferde frei umherrennen. Und auf dem Kopf stehende Schlösser. Ich sehe Wale, die wie Singvögel fliegen und einen Drachen, der Feuer spuckt.“

„Aber nicht nur das. Vor lauter Aufregung habe ich Schmetterlinge im Bauch. Es fühlt sich an, als würde ein Abenteuer beginnen, und ich möchte kein bisschen davon verpassen!“

Ich starrte nach oben, ich wollte unbedingt auch sehen, was sie sah.

„Je mehr du innehältst und dem Außergewöhnlichen Raum gibst“, begann die Malerin, „desto mehr wirst du davon erkennen.“

„Und oft hängt das, was wir sehen, mit dem zusammen, wonach wir Ausschau halten."

„Nimm diesen Berg als Beispiel." Sie zeigte in Richtung Horizont. „Ein Bergsteiger könnte eine große Herausforderung sehen, ein Wissenschaftler die Bewegung eines uralten Gletschers, und wieder ein anderer könnte die kühle Brise bemerken, die von seinen verschneiten Gipfeln ins Tal reist. Obwohl wir alle auf dasselbe schauen, sehen wir es nicht immer auf dieselbe Weise. Das gilt für Berge, und auch für Menschen."

„Wenn wir andere betrachten, sehen wir vielleicht ihre Gesichter oder ihre Kleidung“, fuhr sie fort. „Aber wir sehen nur einen winzigen Teil von dem, wer sie wirklich sind. Dabei erkennen wir oftmals die wichtigen Dinge nicht, wie ihre Fähigkeit zu lieben, worauf sie hoffen, wovon sie träumen, oder wer sie werden können.“

„Oftmals übersehen wir die schönsten Seiten von ihnen.“

Ich fragte mich, was ich nicht erkannte. Ich fragte mich, was ich übersah.

„Was siehst du in dir?“, fragte die Malerin.

Ich blickte auf meine Hände hinunter, meine Kleidung und meine Schuhe, die eine Nummer zu groß waren, damit ich noch hineinwachsen konnte. „Nur ein Kind wie jedes andere, nehme ich an.“

„Aber du bist nicht wie irgendwer sonst. Genau genommen gibt es nirgendwo eine Person wie dich“, ermutigte die Malerin mich, „und das Erstaunliche ist, dass es so jemanden auch noch nie gegeben hat oder jemals wieder geben wird.“

„Ich bin mir nicht sicher, ob es so etwas Besonderes an mir gibt“, erwiderte ich.

„Oh, aber einfach alles an dir ist besonders! Es gibt wirklich nichts, das nicht außergewöhnlich an dir ist“, teilte sie mir begeistert mit. „Du bist die seltene und einzigartige Kombination aus dem, was war und den strahlenden Möglichkeiten von dem, was sein kann.“

„Und weißt du was? So ist es mit jedem von uns.“

„Jeder leuchtet und braucht es, gesehen zu werden. Alle möchten wissen, dass sie von Bedeutung sind, dass es einen Platz für sie gibt und dass sie gebraucht werden. Sicher, einige mögen ihr Leuchten verbergen, aber das Licht in ihnen ist da, ständig am Flackern, und es ist wunderschön, wenn wir es zu ihnen zurückspiegeln können.“

Ich freute mich immer auf meine Besuche bei der Malerin.
Ich musste zugeben, ich konnte es kaum erwarten, sie wiederzusehen,
ich konnte es kaum erwarten zu erfahren, was sie sah.

Einmal ging ich los, um sie zu finden, und dann saß sie friedlich da, die Augen geschlossen.

„Was machst du?“, fragte ich vorsichtig, um sie nicht zu stören.

„Hallo, du.“ Sie lächelte und winkte mich zu sich.

„An manchen Tagen wird mir bewusst,
dass ich noch mehr erkennen kann, wenn
ich meine Augen schließe“, erklärte sie.
„Das leise Rascheln meiner Haare, die
Gedanken, die in meinem Kopf tanzen,
die Sonne auf meinem Gesicht und
das Wunder, am Leben zu sein.“

Sie lud mich ein, ebenfalls meine Augen zu schließen.

„Wie sieht zu Hause für dich aus? Wie fühlt sich Freundlichkeit an? Wie sieht Liebe aus?“, fragte die Malerin. „Wie fühlt es sich an, eine Freundin zu haben? Und wie, eine zu sein?“

„Eine der wichtigsten Arten zu sehen, ist mit unserer Vorstellungskraft. So viele bedeutende Dinge können wir nicht mit unseren Augen erkennen, aber dennoch sind sie echt. Und es ist entscheidend, dass du nach ihnen suchst und an sie glaubst.“

Ich war erfüllt von einem Gefühl der Ruhe und Dankbarkeit. Es war ergreifend und wunderschön. Ich saß dort, mit geschlossenen Augen, und stellte mir all die Menschen und Orte und Dinge vor, die mir so viel in meinem Leben bedeuteten.

„Eine der besten Eigenschaften, die du besitzen kannst, ist interessiert zu sein“, gab mir die Malerin mit auf den Weg. „Wenn du interessiert bist, bist du neugierig, und wenn du neugierig bist, entdeckst du Dinge – erstaunliche Dinge über dich selbst und die Welt.“

„Das Wunderbare gibt es überall und in allem. Es wartet darauf, von uns entdeckt zu werden. Es wartet darauf, von uns wertgeschätzt zu werden. Es wartet darauf, von uns geliebt zu werden.“

Es ist Jahre her, seit ich die Malerin das erste Mal traf.
Ich vermisse sie. Ich wünschte, sie wäre immer noch hier, damit ich ihr sagen könnte, was sie mir bedeutet und wie sehr sie mir geholfen hat, alles auf eine andere Weise zu betrachten.

Aber vor allem wünschte ich, ich könnte sagen: *Danke, dass du mich gesehen hast.*

Liebe Shale, lieber Ever,
mögt ihr immer offen für die
unglaubliche Schönheit um euch
herum und in euch sein.
In Liebe,
Papa

Für Kobi und all diejenigen,
die mit ihren Herzen sehen.
EH

Geschrieben von: Kobi Yamada
Illustriert von: Elise Hurst
Editiert von: Amelia Riedler
Designt von: Jessica Phoenix
Übersetzung: Lara Krüger
Korrektorat: Annerose Sieck
Buchsatz deutsche Ausgabe: Julia Groier-Bleiweis

Adrian & Wimmelbuchverlag GmbH
Friedrichstraße 126,
10117 Berlin

www.adrian-verlag.de

Printed 2025 in EU
ISBN: 978-3-985851-24-9

MIX
Papier | Fördert gute Waldnutzung
FSC® C106954